CONTRIBUTION
A
L'HISTOIRE DE L'IMPRIMERIE EN FRANCE

NOTES
SUR LES
ANCIENS IMPRIMEURS NANTAIS
(XVe A XVIIIe SIÈCLE)

PAR

LE Mis DE GRANGES DE SURGÈRES

PARIS
LIBRAIRIE TECHENER
(H. LECLERC ET P. CORNUAU)
210, rue Saint-Honoré, au coin de la rue d'Alger

1898

NOTES
SUR LES
ANCIENS IMPRIMEURS NANTAIS

TIRÉ A CENT CINQUANTE EXEMPLAIRES NUMÉROTÉS

   25 exemplaires (N⁰ˢ 1 à 25) sur papier de Hollande.
   125   —   (N⁰ˢ 26 à 150) sur papier vélin.

Exemplaire pour le dépôt légal.

CONTRIBUTION

A

L'HISTOIRE DE L'IMPRIMERIE EN FRANCE

NOTES

SUR LES

ANCIENS IMPRIMEURS NANTAIS

(XVe A XVIIIe SIÈCLE)

PAR

LE Mis DE GRANGES DE SURGÈRES

PARIS
LIBRAIRIE TECHENER
(H. LECLERC ET P. CORNUAU, S^{rs})
219, rue Saint-Honoré, au coin de la rue d'Alger.

1898

CONTRIBUTION
A
L'HISTOIRE DE L'IMPRIMERIE EN FRANCE

NOTES
sur les
ANCIENS IMPRIMEURS NANTAIS
(XVe à XVIIIe siècle)

Si tout ce qui touche, de près ou de loin, aux origines et aux premiers temps de l'imprimerie n'avait pas acquis, depuis quelques années, une importance capitale, l'auteur du présent mémoire serait le premier à n'accorder aux notes qui le composent qu'une valeur très relative.

Mais, les documents concernant et nos premiers imprimeurs et leurs productions — qu'elles aient été xylographiques ou typographiques, — sont serrés de si près par tant d'habiles fureteurs, la chasse en est devenue soudain si ardente, si passionnée, que chacun doit considérer comme un devoir d'apporter son grain de sable, si modeste qu'il soit, à l'édifice que des mains pieuses autant que savantes, veulent élever en l'honneur de l'art de l'imprimerie en France.

En ce qui concerne l'histoire de l'imprimerie en Bretagne, et spécialement dans la ville de Nantes, à laquelle notre travail est consacré, il faut reconnaître que de louables et fructueux efforts ont été tentés : nombre de dates importantes ont été fixées ; de précieux incunables ont été décrits, sans parler des impressions du XVIe siècle ; catalogués aussi les noms des premiers imprimeurs de Nantes.

Néanmoins, de telles lacunes existent encore, notamment au XVIe siècle (1), dans le recensement des produits de l'ancienne imprimerie nantaise, qu'on peut affirmer qu'il ne saurait être trop du bon vouloir de tous pour arriver à les combler.

C'est pour y contribuer dans la limite de nos forces, que nous avons voulu donner, avec quelques détails, la liste qui suit de nos anciens imprimeurs nantais.

Si cette nomenclature n'est enrichie de la description d'aucun incunable nouveau, si, préoccupée plutôt de l'ouvrier que de son œuvre, elle écarte presque systématiquement toute description bibliographique, quelle que puisse être sa nouveauté, elle n'en sera pas moins, croyons-nous, la plus complète qui aura été publiée jusqu'à ce jour, résumant ce qui est acquis et y ajoutant le fruit de recherches longuement poursuivies dans les registres paroissiaux.

Aussi, espérons-nous que les noms inédits qu'elle apporte, les dates qu'elle précise et les filiations qu'elle contient, ne seront point inutiles à ceux qui voudront reprendre un jour l'étude de cette question, pour lui donner tous les développements qu'elle comporte.

Nous croyons utile de donner très succinctement ici l'indication des principaux ouvrages sur l'imprimerie en Bretagne, auxquels le lecteur devra se reporter pour avoir des renseignements sur quelques-uns des ouvrages sortis des presses des imprimeurs cités dans notre travail :

1º Histoire de l'imprimerie en Bretagne : composée d'après des documents inédits et contenant le catalogue des impri-

---

(1) Nous visons spécialement ici cette période de trente-sept ans (1541 à 1578), pendant laquelle on n'a pu retrouver aucune impression nantaise.

meurs qui ont exercé dans cette province depuis le XVᵉ siècle jusqu'à nos jours, par Toussaint Gautier. *Rennes, impr. F. Péalat, 1857;* in-8, 62 pp.

2° Essai historique sur les origines et les vicissitudes de l'imprimerie en Bretagne, par Dom François Plaine. *Nantes, A.-L. Morel, 1876;* in-4, 43 pp.

3° L'imprimerie en Bretagne au XVᵉ siècle. Étude sur les incunables bretons, avec fac-simile contenant la reproduction intégrale de la plus ancienne impression bretonne. *Nantes, Société des bibliophiles bretons, 1878;* in-4, 154 pp.

4° Archives du bibliophile breton. Notices et documents pour servir à l'histoire littéraire et bibliographique de la Bretagne, par Arthur de la Borderie. *Rennes, Plihon, 1880-1885;* 3 vol. in-12.

Ce dernier ouvrage peut être consulté à l'exclusion des trois autres, parce qu'il présente le résumé de cette intéressante question.

NOTA. — Presque tous les renseignements contenus dans notre travail étant extraits des registres paroissiaux de la ville de Nantes, nous avons, pour en faciliter la lecture, en supprimant des notes qui se seraient présentées à chaque instant, indiqué, entre parenthèses, immédiatement après chaque notion, le nom de la paroisse des registres de laquelle elle était tirée.

---

1. AUPOIS (1) (*Louis-Thomas-Michel*), originaire de la paroisse de Saint-Pierre de Caen, fils de Jean-Michel

(1) Rien n'établit si Aupois était maître imprimeur, ou s'il était tout simplement un typographe travaillant dans un atelier. Au moins, ne connaissons-nous aucune impression portant son nom. Mais, comme d'autre part, nous avons rencontré des actes de l'état civil dans lesquels des maîtres imprimeurs, connus par leurs productions, étaient qualifiés simplement *imprimeurs*, nous avons cru devoir enregistrer un certain nombre des noms auxquels ce qualificatif était joint.

Nous n'ignorons pas qu'un arrêt du 21 juillet 1704 avait fixé le nombre des imprimeurs en Bretagne et que, pendant tout le XVIIIᵉ siècle, Nantes ne dut en avoir que quatre. Est-ce à dire cependant que les termes de l'arrêt aient été aussi étroitement observés qu'on pourrait le supposer? Nous ne le pensons pas, et inclinerions, au contraire, à croire que plusieurs petites

Aupois et de Suzanne Hubault, est qualifié « imprimeur de livres », dans l'acte de son mariage avec Perrine Trottier, le 1er septembre 1776. (Saint-Vincent.)

2. BAILLY (*Nicolas I*), imprimeur et marchand libraire, épouse le 15 juillet 1681, Mathurine Querro, fille de l'imprimeur Pierre Querro, que nous trouverons plus loin. Dans cet acte, il est dit majeur (Saint-Vincent.) Il eut de cette union au moins quatre enfants : 1º Nicolas II, qui suit ; 2º Jeanne, épouse de Pierre-Isaac Brun, comme nous verrons ci-après à ce nom ; 3º Françoise, et 4º Marie, qui assistent au mariage de leur sœur. Nicolas I meurt le 29 décembre 1718 (1).

imprimeries pouvaient subsister et subsistaient en réalité à côté des quatre officines reconnues *officiellement*, si nous pouvons ainsi dire.

Le 17 avril 1730, un *État des imprimeurs de la province de Bretagne* fut adressé par l'Intendant à M. le Garde des sceaux. Nantes y figure naturellement avec ses quatre imprimeurs, qui sont : Nicolas Verger, imprimeur de l'Évêché ; — Pierre Brun, imprimeur de la Compagnie des Indes et du bureau de la Prévôté ; — André Querro, imprimeur de l'Université ; — Pierre Maréchal, qui imprimait les arrêts du Conseil, les édits et les déclarations du Roy, concurremment avec Nicolas Verger.

C'est fort bien, mais que fait-on, par exemple, de la maison Bailly? Elle existait pourtant bel et bien et, de père en fils, tous les Nicolas Bailly ne cessaient d'imprimer et de prendre ouvertement le titre de maître imprimeur, concurremment avec ceux que nous venons de citer.

Enfin, à Redon, aucun imprimeur n'était officiellement reconnu à cette date, puisque cette ville n'était pas comprise dans l'arrêt de 1704. Le subdélégué de Vannes, dom Morice, n'en constate pas moins l'existence d'une petite imprimerie, qu'un nommé *Gardelavoie* y avait fondée *sans aucun privilège ni permission*, et qui fonctionnait depuis dix-huit ans! Or, on ne voit point qu'il ait été conclu à la fermeture de son officine. La chose ne fut même pas proposée, parce qu'il était constant qu'il ne sortait des presses de la maison *Gardelavoie* « aucunes pièces concernant les affaires du temps, qui sont, ajoute le subdélégué, vraisemblablement le motif de cette recherche ».

C'est pourquoi nous nous croyons autorisé à prétendre que le nombre des imprimeries en Bretagne, et spécialement dans la ville de Nantes, qui fait l'objet de ce travail, fut certainement supérieur à celui fixé par l'arrêt de 1704.

(1) « Le vingt neuviesme (décembre 1718) fut inhumé en cette église le corps de deffunt *Nicolas Bailly*, marchand imprimeur et libraire, aagé de

Il était imprimeur de la Prevosté de Nantes et a imprimé des pancartes et arrêts relatifs aux droits qui devaient être payés par les marchandises qui y étaient sujettes. Ses premières impressions datent de 1676.

3. BAILLY (*Nicolas II*), maître imprimeur, fils du précédent, né le 13 juillet 1685 (1), épouse, le 9 janvier 1717 (2), Catherine Normand, veuve de Paul Lamoureux, dont François, mort le 2 novembre 1719, à l'âge de 15 jours. (Saint-Nicolas.)

4. BAILLY (*Nicolas III*), maître imprimeur et libraire, fils présumé du précédent, époux de Jeanne Querro; le 25 octobre 1747, sépulture de leur fille Marie. (Saint-Nicolas.)

5. BAUDOUYN (*Jean*), imprimeur et libraire à Nantes en 1517 et 1518, successeur d'Étienne Larcher, demeurait rue des Carmes, où il imprima un livre d'*Heures* et un volume intitulé *Instruction des Curez*. Il quitta Nantes, pour aller exercer à Rennes, où on le retrouve en 1523.

6. BEAU (*François*), imprimeur, épouse Renée-Thérèze Fourmy, le 15 février 1752; à l'acte de mariage signe

---

soixante dix ans, mort d'hier à l'entrée de la Fosse, en présence des soubzignés. (Signé) N. Bailly fils; P. J. Boux; J. B. Arnollet, recteur. » (Saint-Nicolas.)

(1) « Le quinziesme jour de juillet 1685, le babtesme (*sic*) de Nicolas, fils de honnorables personnes *Nicolas Bailly*, libraire, et Mathurine Querro, sa femme, a esté administré par moy M⁰ Mathurin Bizeul, prestre recteur de la parroisse de St-Vincent soubzigné; ont estés parein hr br *André Querro*, imprimeur, et maraine hr fille Françoise de Crespy, demeurants en la grande rue en ceste parroisse, qui ont dict que led. enfant estoit né le treziesme jour du présent mois et an et ont signé N. Bailly, Françoise de Crespy, André Querro, P. Querro, M. Bizeul recteur. »

(2) « Le neufiesme (janvier 1717) furent reçus à la bénédiction nuptialle en cette église par moy, pre du chœur d'icelle, *Nicolas Bailly*, Md imprimeur et libraire, fils de *Nicolas Bailly*, md imprimeur et libraire et de deffunte Mathurine Querro, ses père et mère, d'une part, et Catherine Normand, veue de feu Paul Lamouroux, md, le mariage fait après une banye...... en présence des soubzignés, Catherine Normand, N. Bailly le jeune, Pierre Varnier, Le Normand, Nete, Rodde, prestre. »

l'architecte et dessinateur Antoine Hénon, marié à Catherine Fourmy, sœur de Renée-Thérèse. (Saint-Nicolas.)

7. BEAUCAMP (*Pierre*), imprimeur, époux de Marie Burot. Le 25 janvier 1669, nous le trouvons parrain de Mathurine Jupille. (Saint-Léonard.) Le 21 février 1671, il fait baptiser sa fille Thérèse, dont est marraine Thérèse Marpaud, femme de Sébastien Doriou, imprimeur. (Saint-Nicolas.)

8. BELLAC (*Guillaume*), libraire (1), époux de Franczoyse, laquelle, le 15 novembre 1498, est l'une des marraines (2) de Jehanne, fille de Raoulet Apvril et de Jehanne. (Sainte-Croix.)

9. BODIN (*Pierre*), libraire en 1526, demeurant en la rue des Carmes. Il n'est connu jusqu'à ce jour que comme libraire-éditeur au sens actuel de ce mot; mais rien ne prouve qu'il n'ait pas exécuté quelque impression. (Voyez au nom Gannereaux.)

10. BOUCHER (Sire *François*), « libraire juré en l'Université de Nantes », époux de Henriette Le Caillabou, dont Magdeleine, qui, baptisée le 23 mai 1574 (Saint-Denis), épousa le libraire Nicolas de Heuqueville. Il dut épouser en secondes noces Jeanne Lambert, car le 14 novembre 1614, nous trouvons, même paroisse, l'acte de sépulture

---

(1) Nous n'apprendrons rien à nos lecteurs en rappelant que, dans la langue des XVe et XVIe siècles, le mot libraire désigne aussi bien un imprimeur qu'un bibliopole. D'une façon générique, il s'applique à toute personne s'occupant du livre, soit au point de vue industriel, soit au point de vue commercial.

Bien des documents ont établi ce fait. Un des derniers et non des moins concluants a été produit par M. Henri Stein, dans la revue le *Bulletin du Bibliophile* (année 1889, p. 61) : « Le 23 novembre 1540, François Regnault, qui se qualifie officiellement *marchant libraire*, fait donation par devant notaire à son fils de sa maison avec tout ce qu'elle contient, y compris les *ustensiles d'imprimerie*. (Arch. Nat. Y. 87, f° 123 v°.)

Il n'était pas sans intérêt de rappeler cela ici.

(2) On sait que jusqu'au Concile de Trente (1545-1563), les garçons avaient deux parrains et les filles deux marraines.

de cette dernière, qui est dite « veufue de M⁰ Françoys Boucher, libraire. » (Saint-Denis.) Cet acte nous montre aussi qu'il ne vivait plus à cette date.

11. BOUTIN (*Mathieu*), libraire, époux de Marye Deraisnes, dont Mathieu, baptisé le 25 octobre 1581. (Saint-Denis.)

12. BOUVIER (*Jean-Baptiste-Pierre*), imprimeur, époux de Julienne Le Bègue, dont Jeanne, baptisée le 15 juillet 1742 (Saint-Léonard), et Julienne-Françoise, baptisée le 17 mai 1748. (Saint-Vincent.)

13. BOUVYER (Sire *Loys*), maître libraire, époux de Jeanne Laurier, dont Guy et Élizabeth, baptisés, le premier le 10 novembre 1611 et la seconde le 25 août 1614. (Sainte-Croix.)

BRUN, maison d'imprimeurs venus de Bordeaux (1) à Nantes au commencement du XVIII⁰ siècle. Elle prospéra dans notre ville jusque pendant la période révolutionnaire, qui vit commencer sa mauvaise fortune, et ne disparut qu'en 1818, par suite de la faillite de son dernier représentant.

(1) L'acte de mariage de Pierre-Isaac Brun nous ayant révélé l'origine bordelaise de cette famille, nous avons voulu savoir si ses membres exerçaient depuis longtemps l'imprimerie à Bordeaux et quelle situation ils y avaient. Nous devons à l'obligeance de M. Dast Le Vacher de Boisville, si au courant de tout ce qui intéresse la ville qu'il habite, l'indication d'un certain nombre d'actes de l'état civil que nos lecteurs nous sauront certainement gré d'indiquer succinctement ici :

1699, 19 septembre. — Baptême à Saint-André de Bordeaux de François Brun, fils de Raymond Brun, marchand libraire, et de Marie Lacombe.

1704, 11 juin. — Baptême, même paroisse, de Jules-Isaac Brun, fils de Raymond Brun, imprimeur et marchand libraire; parrain Isaac Brun, son frère, et marraine, Marie Brun.

1707, 26 septembre. — Sépulture, paroisse Saint-Éloy, de François Brun, âgé de 7 ans, fils de Raymond Brun et de Marie Lacombe.

1715, 10 novembre. — Baptême, à Saint-André, de Raymond-Bernard

Voici, tel que nos actes nous la fournisssent, la filiation de cette intéressante famille.

14. Brun (*Pierre-Isaac*), fils de Raymond Brun, imprimeur et marchand libraire (1) et de deffunte Marguerite Duboc, originaire de la paroisse de Saint-Éloy de Bordeaux (2), épouse le 1er février 1717, Anne Bailly, fille majeure de Nicolas I Bailly, imprimeur et marchand libraire ; au mariage assistent et signent Jérôme Collongne, libraire, et Antoine Desclassan, imprimeur, ainsi que Françoise et Marie, sœurs de la mariée. Les pères des deux époux n'avaient pu être présents, Brun, sans doute à cause de son éloignement et Bailly était retenu à la maison par ses infirmités. (Saint-Nicolas.) De ce mariage, naquit Jeanne, dont nous n'avons pas trouvé le baptistaire, mais qui épousa François Picard, négociant, dont Isaac-François, tenu sur les fonts le 30 mai 1742 par son grand-père Pierre-Isaac Brun. (Saint-Nicolas.) Veuf à

Brun, fils de Raymond Brun, imprimeur-libraire, et de Françoise Lacombe ; nommée par Jean-Pierre Brun et Anne-Denise Brun.

1728, 23 janvier. — Décès, à Saint-Éloy, de Raymond Brun, imprimeur et marchand libraire, âgé de 70 ans.

1751, 22 novembre. — Décès, à Saint-Éloy, de Pierre Brun, imprimeur et marchand libraire.

1762, 27 janvier. — Pierre-Raymond Brun, imprimeur, Marie-Éléonore, et autre Marie-Eléonore-Scolastique Brun, frère et sœurs, font vérifier par les jurats de Bordeaux les lettres de bourgeoisie qui avaient été accordées, le 21 juillet 1722, à Raymond Brun, leur aïeul, aussi imprimeur.

Comme on le voit par ces extraits, la famille Brun jouissait à Bordeaux d'une très bonne situation.

(1) Le domicile de Raymond Brun n'est pas indiqué dans cet acte. Ce qu'il y a de certain, c'est qu'il n'habitait pas Nantes. Était-il imprimeur à Bordeaux ? La chose est douteuse, puisque les notes de M. Le Vacher de Boisville ne nous signalent pas d'imprimeur portant son prénom et époux, à la fois, de Marguerite Duboc. Néanmoins, il dut habiter Bordeaux à une certaine époque, puisque son fils y naquit paroisse Saint-Éloy. Il ne semble donc pas douteux qu'il appartenait à cette nombreuse famille des Brun de Bordeaux, sur laquelle notre précédente note contient quelques détails.

(2) L'acte porte qu'il habite depuis un an la paroisse Saint-Nicolas de Nantes.

une date que nous n'avons pu déterminer, il convola avec Marie-Marthe Mahot, dont il eut : 1° Pierre-Jean, qui suit; 2° Marie-Françoise, baptisée le 2 octobre 1744 (Saint-Nicolas) ; 3° Marie-Marthe-Ursule, baptisée le 14 octobre 1748 (Saint-Nicolas) ; 4° Joseph-Isaac, baptisé le 29 février 1752, ayant son frère Pierre-Jean comme parrain (Saint-Nicolas); et 5°, selon toute probabilité, Augustin-Jérôme, que nous retrouverons ci-après.

Dans ces différents actes, notre maître imprimeur prend ordinairement la qualification de noble homme et officier dans la Maison du Roy. Un rôle de capitation de 1754 lui donne également le titre d'imprimeur et garde à cheval des plaisirs de Sa Majesté (1).

Reçu maître imprimeur par arrêt du Conseil, le 6 mai 1719, l'un des quatre imprimeurs du Roi en Bretagne en 1730, il imprimait pour la Compagnie des Indes, le bureau de la Prévosté, les Fermes du Roi et la Marine. L'État des imprimeurs de Bretagne de 1758 le note comme ayant cinq presses et quatre enfants (2).

15. BRUN (Veuve). Ce nom que l'on retrouve sur un certain nombre d'impressions nantaises de la seconde moitié du XVIII° siècle, n'est autre que celui de la veuve de Pierre-Isaac Brun.

16. BRUN (*Pierre-Jean*), fils des précédents, connu sous le nom de BRUN l'aîné, époux de Marie-Anne Bonamy, dont il eut Rosalie-Jeanne, baptisée le 25 octobre 1769 (Saint-Nicolas), et Joseph-Augustin, baptisé le 10 novembre 1770 (Saint-Nicolas). Dans ces actes, il est qualifié maître ès-arts et imprimeur-libraire. Nommé imprimeur en 1781, il imprima avec Hérault, la plupart des pièces révolutionnaires de Nantes et s'y ruina, témoin

---

(1) Arch. municip. de la Ville de Nantes, CC. 459.
(2) Arch. dép. d'Ille-et-Vilaine, C. 1463.

une brochure de l'an VIII qu'il intitula : *Brun, aîné, à ses créanciers*. S. l. n. d. ; in-4, 6 pp.

Il était imprimeur ordinaire du Roi et de la Chambre des comptes de Bretagne, et demeurait place Saint-Nicolas.

17. BRUN (*Augustin-Jérôme*), probablement frère du précédent, époux de Marie-Cécile Roland, dont il eut Jeanne-Cécile, baptisée le 19 juin 1781 (Saint-Vincent), et probablement Marcellin-Aimé, le dernier de la dynastie des Brun, contre qui le Tribunal de Commerce prononça un jugement déclaratif de faillite le 17 janvier 1818.

Nous ne saurions dire à quelle date Augustin-Jérôme fut reçu imprimeur, mais nous retrouvons son nom *A.-J. Brun* sur certains livres de la fin du dernier siècle, avec ceux de la veuve Brun et de Pierre-Jean Brun.

18. CERTAIN (Sire *Gratien*), marchant libraire, époux de Nouelle Le Plat, dont Gabrielle, tenue sur les fonts par maître Gabriel Le Plat, aussy marchant libraire, le 31 mai 1575. (Saint-Denis.)

19. DEBOURGUES (*Jean*), libraire à la fin du XVIe siècle et au commencement du suivant, c'est-à-dire, probablement aussi bien imprimeur que bibliopole. Époux de Martine Orhan, dont François, baptisé le 10 mai 1620, nommé par François Faverye, que nous retrouverons plus loin. Le 19 juillet 1618, il est présent à la sépulture de sa femme (Saint-Denis). Remarié à Jeanne de la Mare, il en a François et Estienne, baptisés les 20 juillet 1620 et 24 février 1623 (Saint-Denis). Il vivait encore le 30 novembre 1638, date à laquelle il signe, avec Paul Errard, à l'acte de baptême de Estienne, fils de Estienne Debourgues, sieur du Pareslay, docteur en médecine, probablement son frère.

20. DESMARETZ (*Michel*), imprimeur, est parrain de Anne Symon, le 2 janvier 1593. (Saint-Nicolas.)

21. DESMARETZ (*Nicolas*), maître imprimeur, demeurait au carrefour Saint-Nicolas (1589-1596).

Les volumes sortis de ses presses se rencontrent dans la période allant de 1589 à 1596, et il est surtout connu par le volume in-folio qu'il imprima, en 1593, avec Françoys Faverye, sous le titre *Alliances généalogiques de la Maison de Lorraine*, par Pierre Biré, sieur de la Doncinière.

22. DESPILLY (N...), imprimeur dont nous n'avons pas rencontré le nom sur les anciens registres paroissiaux.

Les *Étrennes Nantoises*, dont il publia une série, d'abord avec la veuve Vatar, sa belle-mère, et ensuite seul, à la fin du XVIIIe siècle, sont là pour attester son existence.

23. DESPILLY (Veuve). On rencontre ce nom d'imprimeur sur certaines impressions nantaises publiées à la veille de la Révolution, et aussi, ajoutons-le, pendant la période révolutionnaire. C'était, sans doute, la veuve du précédent.

24. DIES (*Jullian*), maître libraire, époux de Perrine Bourbon. Le 25 avril 1557, il est parrain de Mathurin Grangier (Saint-Denis), et il vivait encore le 2 mai 1561, date à laquelle sa femme est marraine de Katherine Menard. (Saint-Denis.)

DORIOU (1), famille d'imprimeurs-libraires des XVIe et XVIIe siècles. Nous citerons :

25. DORIOU (Sire *Pierre*), maître libraire, époux de Marye Deraismes, dont Katherine, baptisée le 25 février 1590. (Saint-Denis.)

26. DORIOU (autre *Pierre*), maître libraire et imprimeur, époux de Julienne Rousseau, dont 1° Jean, baptisé le 16 août 1592 (Saint-Denis); 2° Pierre, baptisé le 15 fé-

---

(1) Nous ne voulons citer que pour mémoire le nom de François Doriou, qualifié marchant libraire, non marié, dont les registres de la paroisse Saint-Denis contiennent l'acte de sépulture en date du 24 novembre 1658. Nous n'oserions pas prétendre qu'il fut imprimeur.

vrier 1599 (Saint-Denis); et 3° Catherine, que nous ne connaissons pas par la date de son baptême, mais que nous voyons, le 10 mai 1620, marraine de François Debourgues (Saint-Denis), et après cela, le 10 juin 1623, même paroisse, épouse de Guillaume Monnyer. (Voyez à ce nom.) Veuf le 20 janvier 1603 (même paroisse), il convola avec Marie Salbert, dont il eut : 1° Sébastien, qui suit; 2° Perrine, baptisée le 3 juin 1605 ; 3° Jean, baptisé le 30 octobre 1608 ; 4° Vincent, baptisé le 20 février 1617 ; 5° Pierre, baptisé le 6 septembre 1619 (1). Il mourut le 19 février 1638 (2).

Pierre Doriou était imprimeur ordinaire et imprimeur juré de l'Université. Dès le premier acte, où nous le voyons, en 1592, faire baptiser son fils Jean, il prend le titre de « libraire juré en l'Université de Nantes ». On a écrit qu'il fournit une longue et brillante carrière ; rien n'est plus exact. Aussi, la bibliographie de toutes ses impressions, en admettant qu'elles puissent toutes exister encore aujourd'hui, serait longue à établir.

27. DORIOU (Veuve *Pierre*). L'excellent catalogue de la Bibliothèque de Nantes de M. Émile Péhant contient l'indication de plusieurs ouvrages portant ce nom d'imprimeur, qui n'est autre que celui de Marie Salbert, veuve de Pierre Doriou, qui précède. Elle mourut elle-même, âgée de 80 ans et fut enterrée le 23 octobre 1666. (Saint-Denis.)

28. DORIOU (*Sébastien*), fils des précédents, fut, comme son père, imprimeur du Roy et de l'Université de Nantes. Nous ignorons la date de sa naissance, mais en 1618, nous le trouvons parrain d'un nommé Sébastien Brisson

---

(1) Tous ces différents baptêmes eurent lieu paroisse Saint-Denis.

(2) « Le samedy vinct^{me} jour de feurier lan mil six cent trante et huict, feu ensepulturé en l'église de S. Denys le corps de deffunct honorable homme Pierre Doriou, marchant librairire et imprimeur du Roy, lequel deceda le jour precedant entre trois et quatre heures du matin après auoir receu les Saints Sacrements de l'église. (Signé) Chesneau, recteur. »

(Saint-Denis). Époux de Thérèze Marpaud, il en eut Sébastien, tenu sur les fonts, le 20 octobre 1668, par Guillaume Monnyer, « aussi marchant libraire et imprimeur du Roy » (Saint-Denis). Il meurt le 14 juillet 1771 (1), après avoir fait sortir de ses presses un certain nombre d'ouvrages de la littérature latine.

Nous le voyons dès le 7 février 1637, c'est-à-dire, du vivant de son père, prendre le titre d'imprimeur du Roy, à l'acte de baptême de François Andrieu, dont il est le parrain.

Le 4 mars 1680, sa veuve se remarie à Henry de Graeff, imprimeur, que nous trouverons plus loin.

29. ÉLIE (*Jean*), imprimeur, est parrain de Françoise, fille de Jan Perrier, libraire, et de Françoise Laheu, le 1er mai 1695. (Saint-Denis.)

30. FAVERYE (*François*), marchant libraire et imprimeur, époux de Jeanne Bourget, dont : 1º Thiennette, baptisée le 26 avril 1604 et tenue sur les fonts par Nicolas Le Peigneux, libraire (voyez ci-après) et h. f. Renée Salbert, femme de Pierre Doriou, aussi libraire, auquel nous avons consacré un article ci-dessus (Saint-Denis), et 2º Marguerite, baptisée le 20 février 1608, nommée par sire Luc Gobert, maître imprimeur et libraire, dont il sera question plus loin, et Marguerite Poyet, épouse de Sire Nicolas Le Peigneux, aussi libraire. (Sainte-Croix). Le 10 mai 1620, nous retrouvons François Faverye, qualifié « marchant libraire et maître imprimeur », signant, en qualité de parrain, au baptême de François,

(1) « Le quatorziesme jour de juillet mil six cent soixante-onze, est décédé en sa maison, proche le puis Lory honorable home Sébastien Doriou, marchand libraire et imprimeur du Roy ; son corps a esté par moi recteur de S. Denys inhumé en lad. église de S. Denys le lendemain, et ont assisté à l'enterrement Thérèse Marpaud, femme dud. defunct honorable homme, (blanc) de Mortain, beau-frère du defunct, Mr François Pouilleau, estudiant en médecine et Martial Gaillard. (Signé) Thérèse Marpaud ; Demortain ; Gaillard ; F. Pouilleau ; Terrier, recteur ».

fils de Jean Debourgues, dont il a été question ci-dessus. Après cela, nous perdons sa trace.

François Faverye est connu par ses impressions, avec Nicolas Desmaretz, de 1589 à 1596. Nos actes montrent qu'il vécut au moins jusqu'à l'année 1620, se réclamant toujours de sa profession de maître imprimeur. Entre ces dates, il y a une période de 25 ans au minimum, pendant laquelle il est difficile d'admettre que ses presses soient complètement inactives.

31. FEBVRIER (Sire *Pierre*), libraire et imprimeur (1), époux de Francoyse Leroy, dont il devint veuf le 19 février 1617. Remarié à Catherine Doriou, v^{ve} de Laurent Rabotteau, maître orfèvre, le 20 juin 1617, il en eut : 1° Julienne, baptisée le 29 avril 1618 ; 2° Pierre, baptisé le 1er juillet 1619, mort jeune ; 3° et autre Pierre, baptisé le 30 janvier 1622 et décédé le 1er avril 1632. Il mourut lui-même, le 2 mai 1622, paroisse Saint-Denis, sur les registres de laquelle sont également inscrits les différents actes de baptêmes et de sépultures que nous venons de mentionner.

32. GANNEREAUX (*Olivier*), libraire à Nantes, avec son frère Robert, nous sont connus par un marché du 17 février 1524, passé en l'étude de Pierre Crozon, notaire à Paris, entre Enguilbert de Marnef, marchand libraire juré en l'Université de Paris, comme leur procureur, ainsi que de Pierre Bodin (voyez ci-dessus) et de Antoine Papolin, également libraires à Nantes, et Charles de Boigne, libraire à Angers, et d'autre part Jean Kerbriant, imprimeur de livres, bourgeois de Paris, pour l'impres-

---

(1) Il est qualifié tour à tour M^e *imprimeur*, — *marchant libraire*, — *libraire et imprimeur*, — M^e *libraire et imprimeur*, ce qui prouve surabondamment, comme nous l'avons écrit à l'article Debourgues, que, à Nantes, même au XVIIe siècle, au moins au commencement, tous ces qualificatifs étaient similaires et désignaient aussi bien un imprimeur qu'un bibliopole.

sion de 600 1/2 de brevieres en demy-temps à l'usaige de Nantes (1).

On ne connaît pas jusqu'à ce jour de livre imprimé par les Gannereaux (2).

33. GANNEREAUX (*Robert*), libraire au XVIe siècle (Voyez l'article qui précède).

34. GARLAVOIS, *aliàs* GARLAVOYE (3) (*Jacques-Hyacinthe*), imprimeur, demeurant d'abord rue de la Fosse. Époux de Renée Brice, il en eut : 1° Jean-Baptiste, baptisé le 12 décembre 1704, nommé par Jean-Baptiste Belley, libraire, et Marie Bahuau, tous les deux non mariés (Saint-Nicolas) ; 2° Joseph, baptisé le 12 février 1706. (Saint-Denis.)

---

(1) Ce marché publié d'abord dans le *Bulletin de la Société de l'histoire de Paris* (1893, pp. 126-127), fut communiqué ensuite, par le Cte de Marsy, l'éminent directeur de la Société française d'Archéologie, à la *Revue historique de l'Ouest* (1893, docum., p. 442).

(2) Il est évident que les Gannereaux n'apparaissent dans cet acte que comme éditeurs, puisque de concert avec d'autres libraires, ils commandent l'exécution d'un bréviaire à un imprimeur parisien.

D'autre part, il est constant que les Papolin, dont l'un d'eux paraît à ce marché, avec ce même titre de *marchand libraire*, ont commandé souvent des impressions à Paris, à Angers et à Caen. Ce qui n'a pas empêché qu'on ait constaté l'existence d'impressions qui leur étaient propres.

De ce que l'on n'ait signalé encore aucun livre imprimé par les Gannereaux, s'ensuivrait-il qu'ils n'aient pas été, comme les Papolin, industriels autant que commerçants, imprimeurs autant que vendeurs de livres ? Nous ne le pensons pas et estimons, au contraire, que l'on ne doit pas hésiter à les classer parmi les imprimeurs nantais.

Il en va de même, évidemment, du libraire Pierre Bodin, qui traite aussi lui avec l'imprimeur parisien Jean Kerbriant (un nom, par parenthèses, bien breton pour un habitant de Paris !)

Au reste, on ne saurait assez le répéter : dans cette question, il ne faut jamais perdre de vue, comme nous l'avons dit à la note qui accompagne l'article Guillaume Bellac, que, dans la langue du XVIe siècle, le qualificatif *libraire* s'applique indistinctement à toute personne s'occupant de livres, aussi bien pour en vendre que pour en imprimer.

(3) Il y avait à Redon, en 1730, une petite imprimerie tenue par la veuve d'un nommé *Gardelavoie*, mort depuis 4 à 5 ans, après avoir imprimé pendant près de vingt ans, *sans privilège ni permission*, des almanachs et quelques cantiques. Ce doit être de la même famille que notre *Garlavoye*.

35. GAUDIN (*Jean*), imprimeur, rue de la Clavurerie.

Nous n'avons pas rencontré son nom sur les registres paroissiaux de la ville de Nantes.

Il nous est néanmoins connu par quelques impressions. On a cité une « Copie d'édit... », plaquette in-4, de 8 ff. chiffrés, sur le titre de laquelle nous relevons l'adresse de notre imprimeur : *A Nantes, par Jean Gaudin Imprimeur, demourant en la ruë de la Claueurerie, pres le Carrefour Sainct Nicolas, 1578* (1).

Nous trouvons aussi Jean Gaudin, imprimeur demourant en ceste ville de Nantes, recevant 7 liv. tourn. « pour avoir imprimé, fourny et moullé plusieurs coppies et vidimus des Ordonnances du Roy, pour le faict, reiglement et police des gens de guerre tenans les champs », 1577-1578 (2).

Enfin, nous connaissons l'impression suivante qui, croyons-nous, n'a pas encore été décrite : Oraison fvnebre | prononcee avx fvnerail- | les de deffvnct noble et venera- | ble homme Messire Anthoine de Saint MARSAL, | Licencié es Droitz, Doien de l'Eglise Cathedrale | de Nantes, le vingt deuxiéme jour d'Aoust, 1579 (Marque : une main tenant une sorte de balustre) | A NANTES, par Jean Gaudin Imprimeur. | 1579. In-12, de 7 ff. non chiffrés, le dernier imprimé au recto seulement. (Signatures : A-Bij.) (3).

36. GOBERT (*Luc*), imprimeur, époux de Françoise Le Roy, dont 1º Nicolas, baptisé le 25 novembre 1607, ayant pour parrain Nicolas de Heuqueville, libraire ; à ce baptême signent plusieurs autres imprimeurs, notamment Huet, Nicolas le Peigneux et Jean Debourgues (Saint-Denis); 2º Jan, baptisé le 3 mars 1613 et mort en bas âge (Saint-Denis); 3º autre Jan, baptisé le 6 novembre 1615. (Saint-Denis.)

---

(1) Cette plaquette rarissime appartient à la Bibliothèque de la ville de Nantes. Le savant bibliographe Émile Péhant en a le premier donné la description dans son excellent catalogue (nº 49,844).

(2) Arch. municip. de la ville de Nantes, CC. 125.

(3) Cette impression, non moins rare que la première, appartient à M. Boismen, architecte et bibliophile à Nantes.

37. GRAEFF (*Henry* DE), « imprimeur du Roy en la ville et Université de Nantes », épouse, le 4 mars 1680 (1) Thérèse Marpaud, veuve de Sébastien Doriou, comme nous l'avons déjà vu à ce nom. (Saint-Denis.)

Les impressions connues de Henry de Graeff sont peu nombreuses. Elles appartiennent aux années 1680 et 1681 (2).

38. HÉRAULT (*Charles*), imprimeur, époux de Jeanne Gilbert, dont il eut 1° Charles, baptisé le 21 avril 1650, ayant pour parrain Guillaume Le Monnier, marchant libraire et imprimeur du Roy (Saint-Denis); 2° Anthoinnette, baptisée le 20 août 1651, tenue sur les fonts par Anthoinette de Heuqueville, femme de Michel Maréchal, marchant libraire. (Saint-Denis.)

39. HÉRAULT (*Pierre-Firmin*), imprimeur, époux de Jeanne-Jacquette Bruneau. Il eut pour fils Alexandre, dont nous trouvons l'acte de sépulture en date du 9 janvier 1789. Il imprima, avec Pierre-Jean Brun, la plus grande partie des pièces de l'époque révolutionnaire à Nantes. Cette imprimerie s'est prolongée jusque dans ce siècle.

HEUQUEVILLE (DE), famille d'imprimeurs exerçant à Nantes et à Vannes. Parmi ceux établis à Nantes, nous citerons :

40. HEUQUEVILLE (*François* DE), marchant libraire, imprimeur présumé, époux de Marguerite Garnier, dont

---

(1) « Le quatriesme jour de mars mil six cent quatre uingt ont espousé solennellement dans cette paroisse après une bannie... honorable homme Henry de Graeff, imprimeur du Roy en la ville et Université de Nantes, maieur, et honorable femme Therese Marpaud, veufue de feu Sebastien Doriou, aussi imprimeur du Roy, tous deux de cette paroisse, et le tout fait sans aucune opposition par moy prestre soubsigné, du consentement et auec la permission de mon dit sieur le grand vicaire, recteur de cette paroisse et en présence des soubsignés. (Signé :) H. de Graeff; Thérèse Marpaud; P. Riuiere; L. Legrand; Pallu; F. Vaugour; M. G. Cousin, ptre. »

2) Cf. Catalogue de la bibliothèque publique de la ville de Nantes, par E. Péhant, n°⁵ 1.368 et 51.295.

Jeanne, baptisée le 25 février 1637, ayant pour parrain Sébastien de Heuqueville, M° libraire et imprimeur. (Voyez ci-après.) (Sainte-Croix.)

Nous ne connaissons pas d'impressions de François de Heuqueville.

41. HEUQUEVILLE (*Guillaume*), « M° libraire juré » et probablement aussi imprimeur, est parrain, le 28 avril 1616, de Robert, fils de Nicolas de Heuqueville, M° libraire juré, et de Ollive Martin. (Saint-Denis.)

42. HEUQUEVILLE (*Joseph* DE), marchand libraire imprimeur, époux de Marguerite Bahuau, dont : 1° Joseph, baptisé le 30 août 1666, mort jeune; 2° Pierre, baptisé le 19 septembre 1667; 3° autre Joseph, baptisé le 26 juillet 1672, mort en bas âge; 4° Marguerite, baptisée le 5 septembre 1673; 5° autre Joseph, baptisé le 7 avril 1684. Veuf à une époque que nous n'avons pu déterminer, Joseph de Heuqueville se remaria le 31 août 1705, à Marie Debourgues, veuve de l'imprimeur Michel Maréchal (1), laquelle mourut le 5 mai 1709. Dans l'acte de sépulture, Joseph de Heuqueville est qualifié « marchand libraire imprimeur et libraire ordinaire juré de l'Université de Nantes » (2).

43. HEUQUEVILLE (*Sire Nicolas* DE), « M° librayre juré en l'Université de Nantes », époux de Madeleine Boucher,

---

(1) « Le trente et unieme jour d'aoust 1705 a esté par moy soubsigné prestre célébré mariage en nostre église de S. Denys de Nantes....., entre h' h' Joseph de Hucqueville, imprimeur et marchant libraire, veuf de deffuncte Marguerite Bahuand et damoiselle Marie Debourgues, veufue de h' h' Michel Maréchal, en son vivant aussi imprimeur et marchant libraire, tous deux majeurs de cette paroisse....., et ont assisté au susdit mariage pour tesmoins à ce requis les soussignez et plusieurs parents et amys. (Signé :) J. Noblet, ptre; J. de Heuqueville; Marie de Bourgues; P. de Heuqueville; J. de Heuqueville; L. Gallon; De Bourgues; Mollon; Pierre Anjubaud; P. Anjubaud. »

(2) Tous ces actes sont extraits des registres de la paroisse Saint-Denis.

dont 1° Jacques, baptisé le 3 février 1596, ayant pour parrain François Boucher, libraire juré en l'Université de Nantes ; et 2° Jeanne, baptisée le 12 mars 1598. (Saint-Denis.) Veuf et remarié à Ollive Martin, — nous ne saurions dire à quelle époque, — il en eut : 1° Élisabeth, baptisée le 5 septembre 1603, ayant pour parrain Sire Pierre Doriou, imprimeur du Roy et librayre juré à Nantes (Sainte-Croix); 2° Ollive, baptisée le 2 mars 1607 (Sainte-Croix); et 3° Robert, baptisé le 28 avril 1616. (Sainte-Croix.) Nicolas de Heuqueville mourut le 13 juillet 1627. (Saint-Denis.) (1).

Nous ne savons quelles sont les impressions dues à Nicolas de Heuqueville, si tant est qu'il ait été imprimeur, ce que nous ne pourrions affirmer, malgré nos présomptions.

44. HEUQUEVILLE (*Pierre* DE), marchand libraire et imprimeur, époux de Anne Jouneaux, dont René, né le 16 septembre 1711, ondoyé le même jour et baptisé le 27 avril 1712, tenu sur les fonts par Jacques Maréchal, libraire et imprimeur, syndic des libraires de Nantes. (Saint-Denis.) Il mourut le 12 juin 1719 (2). (Saint-Vincent.)

On connaît plusieurs impressions de Pierre de Heuqueville. Les plus anciennes remontent au moins à l'année 1685.

45. HEUQUEVILLE (*Sébastien* DE), imprimeur et marchand libraire, époux de Jeanne Mallet, dont Anthoi-

---

(1) « Le mardy treziesme jour de juillet mil six cens vingt sept, deffunct Nicollas de Heuqueville, M^e libraire à Nantes, a esté inhumé et ensepulturé en l'eglise parochialle de Sainct Denys dud. Nantes. (Signé :) P. Grenet. »

(2) « Le dousieme jour de juin 1719, je soubsigné prestre de l'eglise de S. Vincent de Nantes et vicaire auoir ce jour fait la sepulture de feu Monsieur Pierre de Heuqueville, marchand libraire, demeurant dans la grande rue, décédé du jour précédent âgée (sic) de soixante et dix ans ou environ, le corps dud. sieur d'Heuqueville a esté inhumé devant l'hostel de Nostre Dame de Victoire en cette église, en présence de Mrs les pretres de cette église et des soubsignés. (Signé :) Brunel pretre et vicaire. »

nette, baptisée le 3 juin 1623. (Sainte-Croix.) Le 29 mars 1634, il est parrain de Sébastien Licquet. (Saint-Saturnin.) Le 25 février 1637, il est parrain de Jeanne, fille de François de Heuqueville, comme nous l'avons vu ci-dessus. Passé cette date, nous perdons sa trace sur les registres de l'état civil.

Sébastien de Heuqueville a imprimé un certain nombre de volumes, dont le plus connu est l'*Episemasie* (1637).

46. HUCET (*Vincent*), « libraire juré en l'Université de Nantes », époux de Martine Tabone, dont 1º Pierre, baptisé le 3 février 1580; 2º Perrine, baptisée le 18 juin 1597; et 3º François, baptisé le 1er novembre 1598. Nous avions déjà rencontré le nom de Vincent Hucet, parrain de Jehan Perrouin, le 17 août 1578 (1).

Il semble qu'on ne connaisse qu'une seule impression du « libraire » V. Hucet, un missel de 1588. Sur le titre se lisent ses nom et qualité : *Nannetis. Apud Vincentium Hucet, bibliopolam Academiæ Nanetensis. Cum privilegio Regis. 1588.*

47. KINGLAND (*Thomas*), imprimeur et libraire, demeurant à la Fosse, époux de Marguerite Carol. Cette dernière meurt, âgée de 30 ans, le 6 mars 1696, et est inhumée le lendemain. (Saint-Nicolas.) Kingland se remarie le 4 mai 1697 à Marguerite Filsmaurice (2).

On ne paraît pas avoir jamais signalé de livre imprimé par l'irlandais Thomas Kingland.

(1) Tous ces actes ont été relevés sur les registres de la paroisse S¹ Denis.
(2) « Le quatriesme jour de may 1697 ont esté receus à la benediction nuptiale dans la chapelle de la Communauté de Mrs les prestres hibernois sise au boys de la Touche, paroisse de S. Nicolas de Nantes,.... Thomas Kingland, imprimeur et libraire, maieur, dnt rue de Guerande et veuf de Margueritte Carol, et Margueritte Filsmaurice, fille de deffunts Maurice Filsmaurice et Hélène O Conor, dnte rue de Guerande, tous irlandois et demeurants depuis plus de quatres ans en cette paroisse... (Signé :) Thomas Kingland ; Jacques Lehy ; Chr. Martin, prestre ; Richard Ambroise, prestre ; Tho. Jehan, prestre ; Daniel Leaughy. »

48. LARCHER, *aliàs* LARCHER (*Estienne*), imprimeur et libraire à la fin du XV° siècle. Nous n'avons pas rencontré son nom sur les registres paroissiaux de Nantes.

Étienne Larcher est le premier imprimeur connu à Nantes et très probablement, en effet, le premier qui ait exercé en cette ville. Il imprima les fameuses *Lunettes des Princes* de Jehan Meschinot, dont il donna une première édition en 1493, in-4°, de deux parties. La souscription des deux parties nous donne son adresse : « en la rue des Carmes près des Changes ». Il en donna une seconde édition l'année suivante et continua à imprimer jusqu'en l'année 1499. Ses livres sont vraiment dans le berceau de l'imprimerie : ce sont des incunables nantais.

49. LARCHER (*Guillaume*), fils du précédent, imprimeur comme lui. Les registres paroissiaux ne nous ont malheureusement rien révélé sur lui et sa famille.

Il est connu comme éditeur d'un missel en 1501.

50. LASNIER (*Pierre*), imprimeur et libraire, fils de Pierre Lasnier et de Léonarde Granger, de la paroisse de Saint-Pierre de Limoges, épouse le 5 novembre 1696 Renée Potelle, fille de deffunts Julien Potelle et de Renée Auger. (Saint-Nicolas.)

51. LE MERCIER (*Nicolas*), demeurant au carrefour Saint-Yves. Sa fille Marie est baptisée le 28 janvier 1674. (Saint-Nicolas.)

52. LE MONNIER (*Guillaume*), imprimeur et libraire, que nous rencontrons dès le 25 juillet 1639, qualifié « marchant imprimeur », signant à l'acte de baptême de Françoise Poulard, dont il est le parrain. (Saint-Denis.) Le 21 avril 1650, il est, ainsi que nous l'avons vu, parrain de Charles, fils de l'imprimeur Charles Hérault. Dans cet acte, il est qualifié « marchant libraire et imprimeur du Roy ».

On connaît un certain nombre de livres imprimés par Guillaume Le Monnier. Nous n'avons pas à en dresser le catalogue. Disons seulement que sa dernière impression nous paraît être les « *Entretiens catholiques de Théodose avec Didyme..... par le P. Lezin*. Nantes, 1669 ». In-8.

Nous relevons aussi dans les comptes des miseurs de la ville de Nantes qu'il est payé à Guillaume Le Monnier, imprimeur libraire à Nantes, 150 liv. tourn. par ordonnance du 11 octobre 1646, pour l'impression d'ung livre faisant mention de l'establissement et conservation du commerce de ceste ville et plusieurs imprimés dudit livre (1).

53. LE PAIGNEUX (*Guillaume*), d'abord marchand libraire, paroisse Saint-Laurent, est parrain de Jacquette Bois, le 15 octobre 1637; dans cet acte, il est qualifié de « marchand maistre libraire ». (Saint-Nicolas.) Époux de Perrine Angebault, il est père de Guillaume, baptisé le 22 mars 1639. (Saint-Denis.)

De libraire, Le Paigneux voulut devenir et devint très probablement Me imprimeur, témoin un contrat d'apprentissage, reçu par Me Baudouin, notaire à Nantes, le 17 avril 1647, aux termes duquel Georges Griveau, imprimeur ordinaire du Roy et de son collège royal de la Flèche, résidant d'ordinaire en ladite ville de la Flèche, paroisse de Saint-Thomas, s'engage à montrer à Guillaume Le Paigneux, marchand libraire à Nantes, paroisse Saint-Laurans, son art et mestier d'imprimeur et libraire, le temps de trois ans entiers et consécutifs, à commencer du 1er mai prochain, pour et moyennant la somme de 100 liv.

Revint-il s'établir imprimeur à Nantes ? Nous ne saurions le dire. Toujours est-il que nous trouvons, le 13 mars 1659, sur les registres de la paroisse Saint-Denis, l'acte de baptême de Perrine, fille de autre Guillaume Le Paigneux, marchant libraire et de Charlotte Cerizier, tenue sur les fonts par Claude Le Paigneux, aussi marchand libraire et Perrine Angebaud, femme de notre Guillaume Le Paigneux, après le nom duquel se trouve seulement la mention « aussi marchand libraire ».

Nous devons à la vérité d'ajouter que nous ne connaissons

---

(1) Arch. municip. de la ville de Nantes, CC. 170

aucun livre imprimé par Guillaume Le Paigneux. Mais, fût-il resté libraire, ce qui paraît peu probable, puisqu'il avait pris la peine d'apprendre le métier d'imprimeur, nous pensons que le contrat d'apprentissage dont nous venons d'indiquer les conditions n'est pas déplacé dans cette étude.

Ajoutons que, pendant le XVII° siècle, plusieurs autres membres de la famille Le Paigneux exercèrent à Nantes le métier de libraire.

54. LE PLAT (Sire *Gabriel*), M° libraire de l'Université de Nantes, époux de Marie de Tours, dont il eut Nouelle, de laquelle nous n'avons pas trouvé le baptistaire, mais que nous voyons, dès le 12 août 1556, marraine de Renée Bertho. (Saint-Denis.) Nouelle Le Plat deviendra, comme nous l'avons vu, la femme de Sire Gratien Certain. La seconde fille de Le Plat fut Françoise, baptisée le 15 septembre 1556. (Saint-Denis.) Il est lui-même parrain, même paroisse, de Mathurin Legendre, le 16 novembre 1558, et enfin, le 31 mai 1575, date extrême à laquelle nous le rencontrons sur les registres, de sa petite-fille, Gabrielle Certain (1).

En 1555, Gabriel Le Plat et Mathurin Papolin, l'un et l'autre « libraires jurez en l'Uniuersité de Nantes », obtiennent conjointement un privilège pour réimprimer ou faire réimprimer les livres liturgiques du diocèse de Nantes.

Le Plat usa-t-il de ce privilège et fit-il acte d'imprimeur ? La chose est fort probable, cependant on ne saurait le décider jusqu'à ce jour d'une façon définitive, car le seul livre liturgique imprimé en vertu de ce privilège qui soit connu et qui ait été décrit a bien été imprimé aux dépens de Mathurin Papolin et de Gabriel Le Plat, « *impensis honestorum virorum Mathurini Papolin et Gabrielis le Plat bibliopolarum Juratorum Vniuersitatis Nanetensis et ibidem commorantium* », mais sort, en réalité, des presses de Jean Le Blanc, imprimeur, étranger même à la ville de Nantes.

(1) Dans tous ces actes, Le Plat ne prend jamais que la qualité de M° libraire de l'Université de Nantes.

Ce volume n'est pas daté ; publié avec l'autorisation de Antoine de Créqui, évêque de Nantes, il ne peut être antérieur à 1555, ni postérieur à 1564. Nous avons vu qu'à cette dernière date Le Plat vivait encore.

55. MALASSIS (*Augustin-Jean*), imprimeur-libraire, demeurant place du Pilori. Époux de Anne-Antoinette Marie, fille de l'imprimeur Antoine Marie, que nous trouverons plus loin, il fut père de Rosalie-Marie, baptisée le 27 février 1775. (Saint-Vincent.)

Ses nombreuses impressions, dont nous n'avons pas à faire le détail et que l'on peut relever, en grande partie, sur le Catalogue de la bibliothèque de Nantes, ne paraissent pas remonter avant l'année 1772 ; par contre, elles se continuent jusqu'à la Révolution. A ce moment, Malassis prend le titre de « imprimeur-libraire de la ville et de la police de Nantes. »

MARÉCHAL ou MARESCHAL, nom d'une nombreuse famille de libraires et imprimeurs de Nantes des XVII° et XVIII° siècles. Nous citerons :

56. MARÉCHAL (*Jacques*), imprimeur du Roy et marchand libraire, fils de Michel, que nous trouverons ci-après, né le 10 octobre 1654. (Saint-Denis.) Le 25 juin 1693 (Saint-Saturnin), il épousa Charlotte Rajalu (1) dont il

(1) Le vingtcinquième de juin 1693, ont été reçues à la benediction nuptiale dans cette église par moy recteur soussigné honorables personnes Jacques Mareschal, imprimeur du Roy et marchand libraire de cette ville, fils d'h‍ h‍ Michel Mareschal, aussi imprimeur et libraire et défunte h‍ f‍ Antoinette de Heucqueville, sa compagne, demeurant dans la paroisse de S‍te Croix, et Charlotte Rajalu, fille de défunt h‍ h‍ Hervé Rajalu, marchand et de Marie Pichery, de cette paroisse.... Ont assisté à cette cérémonie, lesd. Michel Mareschal et Marie Pichery, et honorables personnes Jean Dabon, marchand, Louis Foulon, pannereux et Jean-Baptiste Veschard, lesquels ont signé, hors ladite Pichery et Foulon qui ont déclaré ne scauoir. (Signé:) Dumas ; Charlotte Rajalu ; J. Mareschal ; Jean-Baptiste Veschard; M. Mareschal ; Isaac Cargnain ; J. Litoust, recteur. » (Extrait des registres de la paroisse Saint-Saturnin.)

eut : 1° Charlotte, baptisée le 1er février 1694, tenue sur les fonts par M° Michel Mareschal, imprimeur du Roy et « marchand liberaire », et Anne Saulnier, femme d'h° h° Sébastien Mareschal, aussi imprimeur et libraire (Sainte-Croix) ; 2° Michel, baptisé le 18 janvier 1695 (Saint-Vincent) ; et 3° Charles-Marie, baptisé le 7 janvier 1697. (Saint-Vincent.) Le 10 octobre 1697, il est parrain de Jacques, fils de Yves Ruault, imprimeur et de Perrine-Edmée Souty (Saint-Denis), et le 27 avril 1712, il tient sur les fonts René, fils de Pierre de Heucqueville, comme nous l'avons vu plus haut, et prend, dans l'acte, la qualité de « M° libraire et imprimeur et sindic des libraires de Nantes ». (Saint-Denis.) Il meurt le 5 juillet 1723. (Saint-Vincent.) (1).

Jacques Maréchal a imprimé surtout des livres de jurisprudence. Ses premières impressions ne semblent pas remonter plus haut que l'année 1682 environ. Peu de temps avant sa mort, son nom figure encore sur le compte des miseurs de la ville de Nantes et il reçoit 364 liv., pour l'impression de 300 exemplaires du recueil des *Arrests, ordonnances, réglemens et déliberations de toutes les polices génèralles tant anciennes que nouvelles de la ville, fauxbourgs, banlieue et comté de Nantes* (2).

57. MARÉCHAL (*Julien*), sieur de la Noë, marchand libraire et imprimeur à la fin du XVII° siècle. Son nom nous est révélé d'abord par un acte de subrogation de constitut d'une rente de 33 liv. 6 sols 8 den., due parMarie

---

(1) « Le cinquième juillet 1723, a esté par moy prêtre vicaire soussigné inhumé dans cette ville le corps de Monsieur Jacques Maréchal, marchand libraire imprimeur, âgé de 78 ans ou environ, compagne Charlotte Rajallu, demeurant dans la grande rue vis à vis le puy Lory ; la cérémonie de la sépulture faite en présence des soubsignés. (Signé :) Sebastien Mareschal ; P. de Heuqueville ; Charlotte Marechal ; N. Marechal ; Jeanne Joly ; Guénel ptre vic. ». (Extrait des registres de la paroisse Saint-Vincent.)

(2) Arch. municip. de la ville de Nantes, CC. 202.

Geraud, dame de la Houssaye et à lui consentie par escuyer Paul Cassard, sgr du Broussay, maire de Nantes, acte du 6 octobre 1688, au rapport de Me Alexandre, notaire à Nantes. Il mourut le 14 août 1696, conseiller du Roy, vérificateur des rolles des fouages, imprimeur et marchand libraire. (Sainte-Croix.) (1).

58. MARÉCHAL (*Michel*), Me libraire et imprimeur du Roy, époux de Antoinette de Heuqueville, dès avant le 20 août 1651, date à laquelle cette dernière, déjà mariée, est marraine de Antoinette, fille de Charles Hérault (Voyez ce nom), dont il eut : 1o Michel, dont nous n'avons pas trouvé le baptistaire, mais qui nous est connu par son acte de sépulture du 3 septembre 1657 (Saint-Denis) ; 2o Sébastien (2) et 3o Jeanne, nés à une date que nous n'avons pu fixer, mais que nous trouvons tenant sur les fonts leur frère Pierre, le 7 janvier 1657 (Saint-Denis) ; 4o Jacques, à qui nous avons consacré un article ci-dessus, baptisé le 10 octobre 1654 (Saint-Denis) ; 5o Pierre, baptisé même paroisse, le 7 janvier 1657, comme nous venons de le dire ; et 6o autre Michel, baptisé le 6 janvier 1660. (Saint-Denis.)

Antoinette de Heuqueville meurt le 16 février 1664 (Saint-Denis) et Michel Maréchal convole avec Renée Germon, à une époque que nous n'avons pu déterminer, mais, dans tous les cas, avant le 15 septembre 1678, date à laquelle, déjà mariée, elle est marraine de Anne Briou, déclarant à l'acte ne sçavoir signer. (Sainte-Croix.) Elle

---

(1) « Le 14e aoust 1696 a esté inhumé dans cette église le corps [de] Julien Mareschal, conseiller du Roy, vérificateur des Rolles des Founges, imprimeur et marchant libraire ; ont assisté au convoi les soussignés: Sébastien Mareschal, Jacques Mareschal, M. de Heuqueville, J. de Heuqueville, Jayer ».

(2) Un article sera consacré plus loin à Sébastien Maréchal.

décède le 5 octobre 1691 et Michel Maréchal se marie pour la troisième fois à Marie Debourgues.

Il ne vivait plus lui-même le 31 août 1705, date à laquelle Marie Debourgues, sa veuve, se remarie à Joseph de Heuqueville, comme nous l'avons dit à ce nom.

On connaît un assez grand nombre de volumes sortis des presses de Michel Maréchal. Ce ne sont, en général, que des ouvrages de jurisprudence.

59. MARÉCHAL (*Pierre*), imprimeur du Roy, époux de Renée Boissin, dont il eut : 1° Anne-Jeanne, baptisée le 30 mars 1728 (Saint-Vincent) ; et 2° Pierre-François, né le 28 juillet 1734 et baptisé le lendemain. (Saint-Vincent.) Il mourut le 26 mars 1735. (Saint-Vincent.) (1).

Pierre Maréchal, qui avait été reçu imprimeur le 30 octobre 1723, est qualifié dans un des actes que nous venons de citer : « licentié ès loix, imprimeur du Roy ».

Il imprimait des arrêts du Conseil, des édits et déclarations du Roy et débitait chaque semaine un numéro de la *Gazette de France*, « sur copie et du consentement du bureau d'adresse ». De ses presses sont aussi sortis une bible, des ouvrages de droit canonique, une édition, sans date, du *Livre doré*, etc.

60. MARÉCHAL (La V*ve Pierre*), continua l'exercice de l'imprimerie après la mort de son mari. On a publié un *État des imprimeurs et imprimeries de Bretagne en*

---

(1) « Le vingt sixième jour de mars 1735, a été inhumé dans cette église le noble homme Pierre Mareschal, marchand libraire, imprimeur du Roy, décédé d'hier âgé d'environ trente quatre ans, vivant époux d'honorable femme Renée Boissin. Ont assistez au convoy les soussignez et autres qui ne signent (Signé :) L. Hory ; N. Charier, prestre ; Dorvault ».

1758. Ville de Nantes, d'après lequel elle avait encore, à cette époque, deux enfants et faisait fonctionner deux presses dans ses ateliers (1). En 1768, les veuves Pierre Maréchal et Nicolas-Joseph Vatar étaient les deux seuls imprimeurs du Roy à Nantes (2). On sait, du reste, qu'il n'y avait en Bretagne que quatre imprimeurs à jouir de ce titre, dont deux exerçaient à Nantes.

Elle publia de nombreux édits du Roi, jusqu'en l'année 1776 au moins.

61. MARÉCHAL (*Sébastien*), sieur de la Veillarderie, deuxième fils de Michel Maréchal, ainsi qu'on l'a vu ci-dessus, libraire-imprimeur comme son père. Époux de Anne Saunier, il est veuf le 26 septembre 1708. L'acte de sépulture en date du lendemain est signé : Jacques Maréchal, frère ; M. de Heuqueville et P. de Heuqueville. (Saint-Denis.) Sébastien Maréchal se remarie à Anne Douette, le 19 novembre 1708. (Saint-Denis.) (3) Il en eut Michel, baptisé le 28 juillet 1712. (Saint-Denis.) Il ne vivait plus le 14 février 1748, date de la sépulture de sa veuve, âgée de 60 ans.

Dans ces actes, Sébastien Maréchal a le titre de « doyen

---

(1) Ce document a été extrait des Archives départementales d'Ille-et-Vilaine, fonds de l'Intendance, liasse C. 1463.

(2) Arch. dép. d'Ille-et-Vilaine, C. 1465.

(3) « Le 19ᵉ de novembre 1708, j'ay recteur de S. Denis, célébré le mariage entre Sébastien Maréchal, sieur de la Veillarderie, doyen des marchands libraires de Nantes et imprimeur, veuf de dᵐᵉ Anne Saunier, et dᵐᵉ Anne Douette, fille de h. h. Michel Douette, sieur du Pavillon, Mᵉ boulanger, et de Louyse Rousseau, tous deux de cette paroisse......, en présence du père et de la mère de la mariée, et frères et sœurs et plusieurs parents et amis des deux côtés. (Signé:) Anne Douette ; Sébastien Maréchal ; M. Douette ; Louis Rousso ; Michel Douette ; Pierre Douette ; M. Ariel ; Louis Douette ; Pierre Douette ; Fleurance Douette ; Jacquet Dustout ; Babin ; Marie Medard ; J. Noblet ; J. Besson ; De Cleongue ; Thereau ; M. Guitton ; G. Devau ; Etienne Chauveau ».

des marchands libraires et imprimeurs de la ville de Nantes ».

62. MARIE (*Antoine*), imprimeur et marchand libraire, époux de Anne-Hyacinthe Piou, dont : 1° Anne-Françoise, baptisée le 17 mars 1737 ; 2° Rose, baptisée le 7 avril 1738 ; 3° Anne-Antoinette, baptisée le 5 février 1742 ; laquelle, ainsi qu'on l'a vu plus haut, devint épouse de Augustin-Jean Malassis ; et 4° Jeanne-Rose, baptisée le 24 juin 1743 (1). Il dut avoir un cinquième enfant, comme nous le verrons ci-après; mais nous n'avons pas trouvé de trace de son baptistaire. De même, nous n'avons pas rencontré l'acte de sépulture d'Antoine Marie. Toutefois, on peut être assuré qu'il ne vivait plus en 1754, date à laquelle sa veuve, qui lui avait succédé, commence à imprimer.

Il existe aux Archives départementales d'Ille-et-Vilaine un arrêt du Conseil d'État, du 12 mars 1736, ordonnant qu'Antoine Marie sera reçu imprimeur à Nantes, en remplacement de Pierre Maréchal, décédé (2). En l'année 1750, il fut nommé imprimeur de la ville de Nantes.

Nous trouvons dans notre collection de *Nantaiseries* l'adresse inédite d'Antoine Marie, petit papillon (H.0^{m}520, L. 0^{m}700, y compris la grecque entourant le texte), destiné sans doute à être collé, — au moins la première partie, — sur le titre des livres qu'il avait en vente dans sa boutique de bibliopole.

Nous reproduisons ci-dessous cette adresse, en lui conservant, autant que possible, son aspect général, tant à cause de la rareté des pièces de cette nature, que par ce qu'elle nous donne, avec l'indication du domicile de

---

(1) Tous ces actes sont extraits des registres de la paroisse Saint-Denis.
(2) Intendance de Bretagne, C. 1461.

Marie, des notions exactes sur son commerce et sur son industrie.

> *ET SE VEND A NANTES,*
> Chez Antoine Marie Imprimeur-Libraire, Grande-Ruë, au-deffus du Puits-Lory, vis-à-vis la Ruë des Jefuites, à l'Assomption.
>
> On trouve chez Marie des Livres anciens & nouveaux fur toutes fortes de Matieres, imprimés tant à Paris, qu'autres Villes du Royaume, & dans les Pays Etrangers.
> Il imprime Mémoires, Requêtes, & tous autres Ouvrages permis, en bon Papier & beaux Caractères.

63. Marie (La Vve *Antoine*), imprimeur, succéda à son mari. L'*État des imprimeurs*, dressé en 1758, que nous avons déjà eu l'occasion de citer (1), porte que, à cette date, elle avait cinq enfants et était à la tête de trois presses.

Un arrêt du Conseil d'État, du 8 octobre 1757, la maintient, avec la veuve Vatar, les sieurs Brun et Querro, dans le droit d'exercer l'imprimerie à Nantes.

Imprimeur de la ville et de la police, elle reçoit, en 1760, du miseur de la ville, la somme de 358 liv. pour ouvrages et fournitures, du 20 juin 1758 au 29 mai 1760 (2). Nous ignorons la date de sa mort.

La veuve Marie continua à imprimer, comme son mari, pour la ville et l'amirauté. On note des volumes imprimés par elle dès l'année 1754.

(1) Voyez l'article consacré à la v⁵⁵ Pierre Maréchal.
(2) Arch. municip. de la ville de Nantes, CC. 225.

64. Mauclerc (*Hilaire*), imprimeur, épouse, le 10 juin 1623, Katherine Doriou. (Saint-Denis.) Nous ne connaissons pas d'enfants issus de cette union. Hilaire Mauclerc meurt le 1er décembre 1637 (1). (Saint-Denis.)

Les archives de la ville de Nantes renferment une pièce portant défense d'imprimer les privilèges de la ville sans permission, l'imprimeur Mauclerc l'ayant fait sans autorisation, 1630 (2).

On ne connaît que de très rares volumes sortis des presses de Mauclerc. Le dernier qu'il ait imprimé paraît être l'élucubration de Noble homme Albert Padioleau, sieur de Launay, traitant *De l'antiquité, fondation, nomination, splendeur et estat présent de la ville de Iérusalem, où est incidemment traitée cette ancienne difficulté, qui estoit Melchisedec.* Un exemplaire de ce très rare petit in-4, imprimé en 1635, est conservé dans la bibliothèque publique de Nantes. (N° 53,756.)

65. Ménard (*Mathurin*), libraire et relieur, et peut-être aussi imprimeur, suivant les principes que nous avons exposés ci-dessus, époux de Louise Ledies, dont le vrai nom devait être Dies, et qui devait être parente, peut-être même sœur, de Jullian Dies, que nous avons vu plus haut. De cette union, naquit Jehanne, dont fut marraine Nouelle, fille de Me Gabriel Leplat, libraire. (Saint-Denis.) En 1573, le 16 mai, Mathurin Ménard est lui-même parrain de Pierre Boucher. (Saint-Denis.)

66. Monnyer (*Guillaume*), imprimeur, épouse, ainsi que nous l'avons vu, Catherine Doriou, fille de Pierre Doriou, le 10 juin 1623. (Saint-Denis). Cette dernière meurt le 7 novembre 1669 (Saint-Denis), et Guillaume

---

(1) « Le premier jour de décembre mil six cent trente et sept, Hylaire Mauclerc, maistre-imprimeur, deceda de cette vie apres la reception du St-Sacrement de l'Eglise, lequel fut le jour suivant ensepulturé en l'Eglise des peres Cordeliers de ceste ville de Nantes. (Signé:) Chesneau, recteur. »

(2) Arch. com., BB. 33.

Monnyer décède lui-même, même paroisse, le 23 décembre suivant (1).

67. Morel (*Claude*), imprimeur, décède le 11 février 1715. (Saint-Denis.) (2)

Papolin (*Antoine* et *Michel* Les), libraires jurés de l'Université de Nantes, demeurant à la grande rue, au carrefour Saint-Denis. (XVI° siècle.)

Les registres de l'état civil ne nous fournissent que peu de renseignements à leur sujet.

68. Papolin (*Antoine*), était époux de Catherine Tacher, qui était déjà sa veuve le 2 juin 1546, date à laquelle elle est marraine de Catherine, fille de Mathurin Papolin, comme nous le verrons ci-dessous. (Saint-Saturnin.)

69. Papolin (*Michel*), est parrain le 15 septembre 1540, et signe à l'acte de baptême de Michel Lerat. (Saint-Clément.)

Malgré le titre de libraires jurés de l'Université de Nantes, uniquement porté par les Papolin, il est constant aujourd'hui qu'ils firent très certainement acte d'imprimeurs. La chose a été mise en évidence de la façon la plus claire et la plus formelle dans le dernier des ouvrages que nous avons cités en tête de cette étude. Nous ne nous attarderons pas à le redire ici, estimant plus sage de renvoyer nos lecteurs à cet ouvrage, où ils trouveront toutes les considérations et preuves de nature à éclairer leur religion.

---

(1) « Le vingtroisiesme jour de décembre 1669 est décédé en sa maison en la grande rue M. Guillaume Monnier, imprimeur, mari de defuncte Catherine Dorion ; son corps a esté par moy soubsigné, recteur de ceste eglise, inhumé dans lad. eglise. Ont assisté au convoy honorable homme Sebastien Dorion, marchand libraire et imprimeur, beau-frère du defunt, Laurent de Martain, aussi beau-frère. (Signé :) S. Dorion ; Demartain ; M. Marechal Terrier. »

(2) « Le dousiesme jour de feurier 1715 a esté inhumé dans la chapelle de S. Gildas, le corps de Claude Morel, imprimeur, décédé dans sa demeure ordinaire de la grande rue le jour précédent ; la cérémonie des obsèques a esté faitte par moy sousigné, recteur de S. Denys, en présence des parans, amis et autres. (Signé :) P. Breche, H. de Tanoarn, v. de S. Denis. »

Leurs impressions, extrêmement rares, — il est à peine besoin de le dire, — débutent en 1516, par une *Ordonnance de Vannes*, pour se terminer par une *Ordonnance sur la gabelle*, sortie de leurs presses en 1541. Toutes ces impressions sont en gothique.

70. Papolin (*Mathurin*), M° libraire juré en l'Université de Nantes, probablement fils de l'un des deux Papolin qui précèdent et, dans tous les cas, leur héritier. Le 25 juin 1544, nous trouvons, sur les registres de la paroisse Saint-Clément, l'acte de baptême de Marguerite, fille naturelle de Mathurin Papolin et de Marthe Le Rat, dite « sa concubine ». Le 12 août 1544, il appose sa belle signature au pied de l'acte de baptême de Mathurin, fils de Jehan Buort et de Françoise Papolin, dont il est le parrain. (Saint-Clément.) Il épouse Jacquette Mocart ou Mocquart, à une date que nous ne connaissons pas, et le 30 juin 1545, il présente au baptême Jehan, né de cette union (Saint-Saturnin), ainsi que Catherine, le 2 juin 1546 (même paroisse). A ce dernier baptême est marraine Catherine Tacher, veuve d'Antoine Papolin, comme nous l'avons dit ci-dessus, et peut-être bien la grand'mère de l'enfant. Malgré ces actes de catholicisme, il est avéré que Mathurin Papolin donna dans la Réforme. Plusieurs documents produits par les auteurs qui ont parlé de lui ne permettent pas d'en douter. Il fut même, en 1560, élu *ancien* par les protestants de Nantes et, le 18 juillet de cette même année, il assistait, en cette qualité, à une assemblée de ses coreligionnaires (1).

Pour connaître et apprécier la carrière typographique de Mathurin Papolin, il convient de se reporter à l'article Le Plat, qui précède. Mathurin Papolin et Le Plat, dont les noms se trouvent associés comme éditeurs, furent, sans doute, également imprimeurs, tout comme Antoine et Michau Les Papolin.

(1) Cf. Vaurigaud, *Histoire de l'Église réformée de Nantes*, pp. 19 et 26.

71. Petrail (*Blaise*), imprimeur de la fin du XVIe siècle, sur lequel les registres de l'état civil ne nous apprennent malheureusement rien.

Blaise Petrail, qui quitta Nantes pour Rennes, est connu, comme imprimeur nantais, par la *Cosmopée*, du frère Jacques de Sainte-Marie, cordelier d'Ancenis, qu'il imprima en 1585. Dans la souscription de ce livre, il prend le titre d'imprimeur juré de l'Université de Nantes.

72. Picard (*Hélie*), imprimeur, époux de Yvonne Roco, dont Pierre, baptisé le 27 août 1666. (Saint-Denis.)

73. Piou (*Pierre*), marchand imprimeur, époux de Florence Imbert, dont Pierre-François, baptisé le 9 février 1745. (Saint-Denis.)

74. Poullard (*Philippe*), imprimeur du commencement du XVIIe siècle, sur lequel les registres paroissiaux sont malheureusement complètement muets à Nantes.

Cet imprimeur, qui demeurait rue des Carmes, a imprimé quelques édits du Roy en 1623, notamment ceux qui figurent sous les nos 12,412, 51,298 et 51,299 du Catalogue de la bibliothèque de Nantes de M. Émile Péhant.

Querro, nom d'une famille d'imprimeurs libraires de Nantes aux XVIIe et XVIIIe siècles. Parmi les imprimeurs, nous citerons :

75. Querro (*André I*), imprimeur et marchand libraire, fils de Pierre Querro, également imprimeur et marchand libraire, épouse Marie Figureau (1), le 14 février 1695

(1) « Le 14e feuvrier 1695, ont été receus à la bénédiction nuptialle en la chapelle de Mrs les prestres hibernois, sise en la rue du Chapeau rouge..., h. h. André Quero, imprimeur et marchand libraire ordinaire du Roy, fils d'h. h. Pierre Quero, imprimeur et marchand libraire, et de Jeanne Moreau, demeurants à la Fosse, d'une part, et Marie Figureau, fille de h. h. Julien Figureau, marchand, et de feue Gabriel Blanchet, d'autre part. Présents au mariage, le père de la mariée, h. h. Bertrand Montigny, Me Chapelier, son gendre, h. h. Nicolas Bailly et Mathurine Quero, sa femme, parents des mariés. (Signé:) Marie Figureau ; Philoche ; A. Querro ; J. Figureau ; N. Baily ; B. Montiguet ; Mathurine Querro ; Édouard Tonnery, prestre ».

(Saint-Nicolas), dont il a : 1° Julien, baptisé le 6 janvier 1696 ; 2° André, qui suit ; 3° François, baptisé le 31 juillet 1701 ; 4° Julienne, baptisée le 4 avril 1704 ; 5° Rolland, baptisé le 27 août 1705 ; 6° Brice, baptisé le 8 mai 1708. André Querro mourut le 21 novembre 1709, paroisse Saint-Vincent, où étaient nés tous ses enfants (1).

76. Querro (Veuve André I). A la mort d'André Querro, sa veuve, Marie Figureau, dut continuer à diriger l'imprimerie, en attendant que son fils André fût en âge de succéder à son père.

Nous trouvons jusqu'en l'année 1721 des impressions portant l'adresse de la veuve Querro.

77. Querro (*André II*), libraire et imprimeur du Roy, fils des précédents, né le 5 décembre 1696 (2). (Saint-Vincent.) Marié d'abord à Marie Turpin, il en eut (Sainte-Croix) : 1° André-Bernard, baptisé le 20 juillet 1623 ; et 2° Magdeleine, baptisée le 2 octobre 1727. Veuf et remarié, en 1740, à Marie-Jeanne Pain, il en eut (Saint-Denis) : 1° Baptiste-André, baptisé le 9 juin 1741, mort le 10 juin 1743 ; 2° Pierre-François, baptisé le 27 avril 1742 ; 3° Antoine, baptisé le 7 avril 1743 ; 4° André,

---

(1) « Le 22° jour de novembre 1709, le corps d'h. h. André Querro, vivant imprimeur et libraire, décédé le jour d'hyer, en sa demeurance, en cette paroisse, a esté inhumé en l'église de S. Vincent de Nantes...., en présence de André Querro, son fils, accompagné de Pierre Querro, son oncle, Mathurine et Anne Querro, ses sœurs et leurs marys qui ont signé et aultres, leurs parents et amis. (Signé :) Anne Querro ; André Querro ; Bizeul, prestre et recteur ».

(2) « Le 5° jour de décembre 1696, le batesme d'André, fils d'honorables personnes André Querro, libraire et imprimeur du Roy, et de Marie Figureau, sa femme, demeurants en cette paroisse de S. Vincent, a été administré par nous, Mathurin Bizeul, prestre, recteur de cette paroisse soubzigné ; ont estés parain honn. homme Pierre Boue, rafineur, et maraine damlle Jeanne Berthelot, compagne de noble homme François Guillard, receveur des consignations de Nantes, qui ont déclaré que le dit enfant était né le jour d'hyer et ont signé : Jean Veuilhard ; Jean Bertellot ; B. Montigné ; A. Querro ; Bizeul, prestre, recteur ».

baptisé le 23 mars 1744 ; 5° Anne, baptisée le 16 janvier 1745 ; 6° Jeanne-Joseph, baptisée le 20 février 1746 ; 7° André-Julien, baptisé le 24 janvier 1747, mort le 31 du même mois ; 8° André-Antoine, qui suit ; 9° Magdeleine-Claude, baptisée le 8 octobre 1749 ; et 10° Pierre-François, baptisé le 30 mars 1753. Nous ignorons à quelle date mourut André Querro, mais on rencontre des publications sorties de son imprimerie jusqu'en l'année 1766.

André II Querro habitait en la grande rue. Il avait été reçu imprimeur en vertu d'un arrêt du Conseil du 20 juillet 1720 et avait obtenu le titre d'imprimeur de l'Université. L'*État des imprimeurs de la province de Bretagne*, en 1758, le note comme ayant six enfants et employant deux presses. Les livres sortis de son officine ne sont pas bien rares.

78. QUERRO (*André-Antoine*), imprimeur de l'Université, fils du précédent, né le 21 janvier 1748 et baptisé le lendemain. (Saint-Denis.) Il épousa Catherine-Anne Biron, dont il eut Anne-Marie, baptisée le 17 juillet 1780. (Saint-Vincent.) Il mourut au plus tard en 1783, date à laquelle le nom de sa veuve est substitué au sien sur les livres sortis de son officine.

79. QUERRO (*V*^{ve} *André-Antoine*), continua à diriger l'imprimerie après la mort de son mari, jusque pendant la période révolutionnaire.

80. QUERRO (*Pierre*), imprimeur, le chef de la dynastie des Querro à Nantes. Époux de Jeanne Moreau, à une date qui nous est inconnue, il en eut : 1° Françoise, dont nous ne connaissons pas le baptistaire, mais que nous trouvons marraine le 7 décembre 1674 (Saint-Nicolas) ; 2° André, Ier du nom, auquel nous avons consacré ci-dessus un article ; 3° Jeanne, baptisée le 10 octobre 1655 (Saint-Denis) ; 4° Pierre, baptisé le 15 mai 1663

(Saint-Denis) ; 5° Jean-Baptiste, baptisé le 21 novembre 1668 (Saint-Denis) ; 6° Étienne, dont nous n'avons pas trouvé le baptistaire, mais qui dut naître vers 1673, puisqu'il meurt, « âgé de trente ans », le 26 juillet 1703, marchand libraire, à la Fosse (Saint-Nicolas) ; 7° Mathurine, dont le baptistaire nous est inconnu, mais que nous avons vue épouser l'imprimeur Nicolas Bailly, le 15 juillet 1681, et que nous retrouvons présente à la sépulture de son frère André, le 22 novembre 1709 ; et 8° Anne, dont nous ne connaissons pas non plus l'acte de baptême, mais que nous voyons le 15 janvier 1704 épouser Roland des Rues. (Sainte-Radégonde.)

Pierre Querro fut reçu en 1683 imprimeur de la ville. Ses impressions ne sont pas communes.

81. ROUSSEAU ou ROUXEAU (*Jacques*), imprimeur de la seconde moitié du XVI° siècle. Les registres paroissiaux de Nantes ne nous ont rien appris sur lui et sa famille.

Imprimeur de la ville, Jacques Rousseau adresse une requête à Messieurs les Maire et échevins (1570-1571), pour obtenir l'avance de quelque argent qui lui permette d'augmenter ses caractères. A cette requête sont joints, en épreuves, comme spécimens, deux fragments de l'Évangile selon Saint-Jean (1).

82. SOUTIL ou SOUTY (*Edme*), imprimeur, époux de Perrine Bourdin, dont : 1° Pierre, qui suit ; et 2° Edme, baptisé le 14 janvier 1691. (Saint-Denis.) Il meurt le 7 septembre 1691 et est inhumé le lendemain. (Saint-Denis.)

83. SOUTIL ou SOUTY (*Pierre*), imprimeur, fils du précédent, époux de Guyonne Mainguy, dont il eut Renée, baptisée le 19 février 1686. (Saint-Denis.) Sa femme étant morte le 13 février 1688, il se remarie à Agnès Bourdeille et est père de Anne, baptisée le 5 mars 1692. (Saint-Nicolas.)

(1) Arch. municip., BB, 48.

Pierre Soutil, qui signait de préférence Souty, prenait la double qualité d'imprimeur et de relieur de livres. Nous ne saurions dire ce que lui et son père ont bien pu imprimer.

84. Tonillon (*Jehan*), libraire, est, avec Symon Lebreton, menuizier, parrain de Jehan Ferré, le 25 septembre 1559. (Saint-Denis.)

85. Tourquetil (*Guillaume*), imprimeur, l'un des successeurs d'Étienne Larcher, sur lequel les registres paroissiaux ne nous ont, à notre grand regret, rien appris.

Guillaume Tourquetil, qui demeurait rue des Carmes, est connu par les *Statuts synodaux de l'insigne église de Dol*, qu'il imprima en 1507, petit in-4º gothique.

Vatar, nom d'une famille d'imprimeurs et de libraires Nantais du XVIIIº siècle. Parmi les premiers, nous citerons rapidement :

86. Vatar (*Joseph-Mathurin*), marchand-libraire et imprimeur, époux de Anne Verger, dont : 1º Joseph-Nicolas, baptisé le 1er août 1739 (Sainte-Croix); 2º Anne-Thérèse, baptisée le 14 avril 1741 (Sainte-Croix) ; 3º Pierre-René, baptisé le 15 février 1747 (Sainte-Croix) ; 4º Marie-Anne-Jacquette, baptisée le 16 décembre 1750 (Sainte-Croix); 5º Nicolas-Pierre, baptisé le 6 novembre 1752 (Saint-Denis) ; 6º Pélagie-Anne-Pauline, baptisée le 16 janvier 1754 (Saint-Denis) ; 7º Marie-Élisabeth-Yvonne, baptisée le 6 juillet 1756 (Saint-Denis) ; et 8º Pélagie-Modeste, fille posthume, baptisée le 20 octobre 1757. Joseph-Mathurin Vatar mourut le 15 septembre 1757. (1) (Saint-Denis.)

(1) « Le 16º jour de septembre 1757, le corps de noble homme Joseph-Mathurin Vatar, imprimeur du Roy et de Mgr l'Évêque, et libraire juré de l'Université de cette ville, époux de dlle Anne Verger, âgé d'environ quarante ans, décédé hier en sa maison sur cette paroisse, a été inhumé dans l'église de S. Denis..., en présence de ses parents et amis soussignés : P. Rabu, François Allaric de Kermabon, R. Maugar, Pascher, recteur de S. Denis ».

Il était imprimeur du Roy et de l'Évêché. Ses impressions, que nous n'avons pas à décrire ici, se rencontrent encore assez facilement.

87. VATAR (La Vve *Joseph-Mathurin*), continua l'exercice de la typographie après la mort de son mari. Un arrêt du Conseil d'État du 8 octobre 1759 la maintient comme imprimeur à Nantes, avec Brun, Querro et la Vve Marie.

Elle a imprimé, soit seule, soit avec son fils aîné, un assez grand nombre de volumes, dont on rencontre de temps en temps des exemplaires. Elle s'intitulait *seul imprimeur de Mgr l'Évêque*, et demeurait haute grande-rue.

88. VATAR (*Joseph-Nicolas*), dit VATAR *fils aîné*, fils des précédents et leur successeur, né, ainsi que nous l'avons vu, en 1739. Il prenait le titre de *seul imprimeur-libraire ordinaire du Roi*, et demeurait place du Pilori.

89. VERGER (*Nicolas*), libraire-imprimeur, époux de Françoise Rabut, dont il eut : 1° Anne, baptisée le 24 novembre 1717 (Sainte-Croix) ; 2° Anne-Françoise, baptisée le 10 juin 1735. (Saint-Denis.) Antérieurement à ces dates, les registres de la paroisse Sainte-Croix nous montrent, le 15 octobre 1709, Nicolas Verger, imprimeur, signant à l'acte de baptême de Charlotte, fille d'Yves Ruaux, imprimeur (1), et de Perrine-Edmée Souty.

Nicolas Verger, qui était imprimeur de l'Évêché, avait été nommé imprimeur de la ville le 11 août 1720 (2).

Imprimant tous les ouvrages nécessaires pour le diocèse et approuvés, il fit sortir de ses presses nombre d'ouvrages variés et ne dédaignait pas de suivre l'impression des périodiques, témoin les *Étrennes nantaises*, qu'il publia de 1728 à 1753, et qui furent continuées jusqu'à la fin du siècle, par les Brun et les Vatar.

(1) Sans doute ouvrier typographe.
(2) Arch. municip., BB. 73.

ACHEVÉ D'IMPRIMER

LE TROIS NOVEMBRE 1897

PAR

LA SOCIÉTÉ TYPOGRAPHIQUE

DE CHATEAUDUN

DU MÊME AUTEUR

POUR PARAITRE PROCHAINEMENT

- **LES ARTISTES NANTAIS**, architectes, armuriers, brodeurs, fondeurs, graveurs, musiciens, orfèvres, peintres, sculpteurs, verriers, etc.... Du Moyen-Age à la Révolution. Notes et documents inédits. (Publié par la Société de l'histoire de l'art français.)
- 2° **POINÇONS ET MARQUES** des anciens Orfèvres de Bretagne. Poinçons de charge, de décharge et de touchaud des Monnaies de Nantes et de Rennes.
- 3° **NOTES D'ÉTAT CIVIL** extraites des registres des paroisses de l'arrondissement de Nantes dont les archives ont été détruites pendant la Révolution.
- 4° **RÉPERTOIRE BIOGRAPHIQUE ET GÉNÉALOGIQUE** de la Gazette de France. (1631-1790). Naissances. — Mariages. — Contrats de mariage signés par le Roi et la Famille Royale. — Décès.

www.ingramcontent.com/pod-product-compliance
Lightning Source LLC
LaVergne TN
LVHW021704080426
835510LV00011B/1579